Yo Juego Con Amabilidad.

¡Soy GENTIL!

Mi Increíble Serie de Comportamiento Para Niños Pequeños

Un Cuento Infantil Para Niños Pequeños Sobre Ser Amables (2 a 4 Años)

Por
Suzanne T. Christian

TWORAVENS
BOOKS

Two Little Ravens
CHILDREN'S NON-FICTION BOOKS

ISBN de la edición en tapa blanda: 9781968080761
ISBN de la edición en tapa dura: 9781968080778
ISBN de la edición digital: 9781968080785

Publicado en los Estados Unidos por Two Ravens Books LLC,
254 Chapman Rd, Ste 209, Newark DE 19702

'Ampliando mentes, liberando imaginaciones, una obra a la vez'.
www.tworavensbooks.com

Bienvenido a

"yo juego con amabilidad. ¡Soy gentil!"

Este libro es una encantadora colección de afirmaciones fáciles de entender, creadas especialmente para los más pequeños. Mientras lo leen juntos, tu hijo aprenderá el valor de la gentileza, la empatía y la amabilidad.

Cada página está llena de ilustraciones coloridas y escenas cotidianas con las que los niños se sentirán identificados, que promueven interacciones amorosas y gentiles en su día a día. Incorporar este libro a la rutina diaria de lectura le permitirá a tu hijo adoptar gradualmente comportamientos gentiles, ya que la repetición es clave para el aprendizaje.

¡Prepárate para una experiencia divertida y significativa con tu pequeño!

Suzanne T. Christian

Soy amable y gentil todos los días.

Ser gentil
me hace
un buen amigo.

Juego con amabilidad porque eso hace felices a todos.

Mis abrazos son
como nubes suaves.

Manos gentiles,
corazón gentil.

Uso mis manos suaves para jugar con mis juguetes.

Soy gentil como
el viento suave.

Ayudo a los demás
con mis manos gentiles.

Soy gentil y tierno, como mi osito de peluche favorito.

Si veo una mariquita,
la tomo con cuidado.

Mi mascota está feliz cuando la acaricio con suavidad.

No jalo
su colita a mi mascota,
¡porque soy muy gentil!

Siempre soy gentil
cuando juego
con mi hermanito.

Cuando me enojo,
respiro hondo
y mantengo la calma.

Espero mi turno
con una gran sonrisa.

Si alguien está triste,
le doy palmaditas suaves.

Guardo mis juguetes con cuidado. No los tiro.

Juego en silencio cuando alguien está durmiendo.

Toco la puerta suavemente antes de entrar.

¡Puedo ser gentil
incluso cuando estoy
emocionado!

Manos gentiles
hacen que los juegos
sean felices.

Yo juego con amabilidad.

¡Soy Gentil!

¡Fin!

Mi Increíble Serie de Comportamiento Para Niños Pequeños

Descubre
la querida serie de Suzanne T. Christian
'Mi Increíble Serie de Comportamiento
Para Niños Pequeños.'
¡Los pequeños lectores seguramente la disfrutarán!

Two Little Ravens
CHILDREN'S NON-FICTION BOOKS

Querido y maravilloso lector,

Gracias por unirte a mí en **"Yo Juego Con Amabilidad. ¡Soy Gentil!"**. Si este libro te tocó el corazón o ayudó a un pequeño lector, me encantaría que compartieras tus comentarios en una reseña. Tus opiniones y comentarios inspiran mi trabajo futuro y ayudan a otras personas a descubrir la magia que incluyen estas páginas.

Si tienes sugerencias o ideas para mejorar el libro, ¡me encantaría saber de ti! Puedes escribirme a **suzanne. christian@tworavensbooks.com**. Tu opinión es muy importante para mí.

Con sincera gratitud,